我的中文小故事 (30)
My Little Chinese Story Books

愚蠢的小偷
yú chǔn de xiǎo tōu
Stupid Thief

[新西兰] Victor Siye Bao 编著

北京大学出版社
PEKING UNIVERSITY PRESS

图书在版编目（CIP）数据

愚蠢的小偷 ／（新西兰）Victor Siye Bao，曾凡静编著.—北京：北京大学出版社，2010.5
（我的中文小故事30）
ISBN 978-7-301-17012-0

Ⅰ.愚… Ⅱ.①B… ②曾… Ⅲ.汉语-对外汉语教学-语言读物 Ⅳ.H195.5

中国版本图书馆CIP数据核字（2010）第035840号

书　　　名：愚蠢的小偷
著作责任者：[新西兰] Victor Siye Bao　曾凡静　编著
责 任 编 辑：贾鸿杰
插 图 绘 制：Amber Xu
标 准 书 号：ISBN 978-7-301-17012-0/H·2441
出 版 发 行：北京大学出版社
地　　　址：北京市海淀区成府路205号　100871
网　　　址：http://www.pup.cn
电　　　话：邮购部 62752015　发行部 62750672
　　　　　　编辑部 62752028　出版部 62754962
电 子 信 箱：zpup@pup.pku.edu.cn
印　刷　者：北京宏伟双华印刷有限公司
经　销　者：新华书店
　　　　　　889毫米×1194毫米　32开本　1.125印张　2千字
　　　　　　2010年5月第1版　2020年6月第3次印刷
定　　　价：15.00元（含1张CD-ROM）

未经许可，不得以任何方式复制或抄袭本书之部分或全部内容。
版权所有，侵权必究　　举报电话：010-62752024
　　　　　　　　　　　电子信箱：fd@pup.pku.edu.cn

每年我们学校都有一个星期叫"活动周"。

<ruby>有<rt>yǒu</rt></ruby><ruby>的<rt>de</rt></ruby><ruby>去<rt>qù</rt></ruby><ruby>国<rt>guó</rt></ruby><ruby>外<rt>wài</rt></ruby><ruby>旅<rt>lǚ</rt></ruby><ruby>游<rt>yóu</rt></ruby>，<ruby>比<rt>bǐ</rt></ruby><ruby>如<rt>rú</rt></ruby><ruby>去<rt>qù</rt></ruby><ruby>新<rt>xīn</rt></ruby><ruby>西<rt>xī</rt></ruby><ruby>兰<rt>lán</rt></ruby>、<ruby>泰<rt>tài</rt></ruby><ruby>国<rt>guó</rt></ruby><ruby>和<rt>hé</rt></ruby><ruby>肯<rt>kěn</rt></ruby><ruby>尼<rt>ní</rt></ruby><ruby>亚<rt>yà</rt></ruby><ruby>等<rt>děng</rt></ruby><ruby>等<rt>deng</rt></ruby>。

有的留在学校参加篮球、羽毛球训练营。

上个活动周,我们七年级的学生一起去宿营。

我们参加拔河比赛,看哪一队最有力气。

wǒ men dǎ shā tān gǎn lǎn qiú
我们打沙滩橄榄球。

到了晚上,我和我同宿舍的同学还有午夜的"大餐"。

虽然只有方便面,但是我们一样吃得非常开心。

好像很好喝的样子,因为他总是喝完了一杯马上又倒一杯。

马克非常想尝尝中文老师的茶的味道,

tā tōu tou de zǒu jìn le zhōng wén lǎo shī de
他偷偷地走进了中文老师的
fáng jiān　　zài nàr dāi le yí huìr
房间，在那儿待了一会儿。

回来以后,他告诉我们说:"中国茶很好喝,只是有点儿苦。"

dì èr tiān, zhōng wén lǎo shī lái dào wǒ men
第二天，中文老师来到我们
de fáng jiān
的房间。

他看了看我们,然后问马克:
"你是不是丢了东西?"

"没有啊!"马克回答说。

NO NO NO……

zhōng wén lǎo shī ná chū yí ge qián bāo, jǔ
中文老师拿出一个钱包,举
zài kōng zhōng
在空中,

<ruby>然<rt>rán</rt></ruby><ruby>后<rt>hòu</rt></ruby><ruby>晃<rt>huàng</rt></ruby><ruby>了<rt>le</rt></ruby><ruby>晃<rt>huàng</rt></ruby><ruby>说<rt>shuō</rt></ruby>:"<ruby>马<rt>mǎ</rt></ruby><ruby>克<rt>kè</rt></ruby>,<ruby>你<rt>nǐ</rt></ruby><ruby>把<rt>bǎ</rt></ruby><ruby>钱<rt>qián</rt></ruby><ruby>包<rt>bāo</rt></ruby><ruby>忘<rt>wàng</rt></ruby><ruby>在<rt>zài</rt></ruby><ruby>我<rt>wǒ</rt></ruby><ruby>的<rt>de</rt></ruby><ruby>茶<rt>chá</rt></ruby><ruby>杯<rt>bēi</rt></ruby><ruby>旁<rt>páng</rt></ruby><ruby>边<rt>biān</rt></ruby><ruby>了<rt>le</rt></ruby>。"

"没有关系,下次你想喝茶告诉我就行了,我可以给你沏些新茶。"

cóng cǐ yǐ hòu, wǒ men dōu jiào mǎ kè
从此以后,我们都叫马克
yú chǔn de xiǎo tōu
"愚蠢的小偷"。

每年我们学校都有一个星期叫"活动周"。在这个星期，不同年级的学生参加不同的活动。有的去国外旅游，比如去新西兰、泰国和肯尼亚等等。有的留在学校参加篮球、羽毛球训练营。上个活动周，我们七年级的学生一起去宿营。在营地，我们参加了很多活动。我们爬山，比赛看谁爬得最快。我们参加拔河比赛，看哪一队最有力气。我们打沙滩橄榄球。到了晚上，我和我同宿舍的同学还有午夜的"大餐"。虽然只有方便面，但是我们一样吃得非常开心。

中文老师住在我们的隔壁。他天天都拿个大杯子，杯子里面是中国茶，还有一些花。好像很好喝的样子，因为他总是喝完了一杯马上又倒一杯。马克非常想尝尝中文老师的茶的味道，他偷偷地走进了中文老师的房间，在那儿待了一会儿。回来以后，他告诉我们说："中国茶很好喝，只是有点儿苦。"

第二天，中文老师来到我们的房间。他看了看我们，然后问马克："你是不是丢了东西？""没有啊！"马克回答说。中文老师拿出一个钱包，举在空中，然后晃了晃说："马克，你把钱包忘在我的茶杯旁边了。"我们发现马克的脸马上变红了。他告诉中文老师他做了什么，又说："对不起，我想尝尝中国茶的味道。""没有关系，下次你想喝茶告诉我就行了，我可以给你沏些新茶。"从此以后，我们都叫马克"愚蠢的小偷"。

生词

1.	参加	cān jiā	attend
2.	旅游	lǚ yóu	travel
3.	训练营	xùn liàn yíng	training camp
4.	宿营	sù yíng	camp
5.	营地	yíng dì	campsite; camping ground
6.	爬山	pá shān	climb the hill
7.	比赛	bǐ sài	match; contest; hiking competition
8.	拔河	bá hé	tug-of-war
9.	力气	lì qi	strength
10.	沙滩	shā tān	beach
11.	橄榄球	gǎn lǎn qiú	rugby
12.	午夜	wǔ yè	mid-night
13.	虽然……但是	suī rán... dàn shì	although; but
14.	方便面	fāng biàn miàn	instant noodles
15.	杯子	bēi zi	cup
16.	马上	mǎ shàng	at once; right away; immediately
17.	倒	dào	pour; tip
18.	尝	cháng	taste; try(food)
19.	味道	wèi dao	taste
20.	偷偷	tōu tōu	secretly; stealthily
21.	房间	fáng jiān	room
22.	待	dāi	stay
23.	苦	kǔ	bitter
24.	丢	diū	lose
25.	钱包	qián bāo	wallet
26.	举	jǔ	hold up; raise
27.	晃	huàng	flash past
28.	沏	qī	infuse

练习

你有没有尝过中国茶?请你到网上查查有关中国茶的信息。

 试一试

一、写出三种中国茶

　　————　　————　　————

二、找出有不同特点的词

　　1. 好听　好闻　好看　好吃　好喝　好蠢
　　2. 拿　　举　　丢　　忘　　苦
　　3. 爬山　拔河　宿营　茶杯　训练
　　4. 酸　　甜　　苦　　辣　　鲜花

三、请你喝一次中国茶，然后用英文或中文写出有什么感觉。

后　记

　　这次创作和以往的不同，是一个充满乐趣的过程。很多故事都是笔者在近20年的对外汉语教学中积累的材料。在撰写和编辑中，我仿佛回到了过去在不同国家教学的快乐日子。故事中的人和事，常让自己不由自主地大笑起来。

　　让我感到非常幸运的是，在编写、出版这套小书的过程中，我能够和一群可爱而充满活力的年轻人合作。第一次和邓晓霞编辑见面时，我们谈起适合中小学生的汉语阅读书太少。于是，我们心有灵犀，在很短的时间里就完成了这套故事书的整体构思。可以说，没有晓霞，就不会有这套图书。我还要感谢贾鸿杰编辑，她为这套书的出版也付出了很多努力。

　　作为给年幼且汉语程度不高的孩子们写的故事书，插图在某种意义上比文字还要重要，所以我真的很幸运，得到了充满童心、阳光健康的画家徐媛的大力支持。我们在画面风格、内容等方面进行过充满乐趣的讨论，非常默契。

　　这套故事书能够出版，需要很多人的付出。另外两位是我从未谋面的、负责排版的张婷婷和张雷，我们通过网络联系，现在已经是非常好的朋友。正是因为有这么好的团队，我有了继续写作的动力，相信我们今后的合作会更加愉快。

　　在这套故事书编辑和出版的过程中，我的孩子Justin出世了，让我感到双倍的快乐。

　　如果读者需要，这套书会一直出版下去。首先出版的20本，希望能得到广大读者的反馈，使后面的故事更能满足读者的要求。

　　欢迎和我联系：victorbao@gmail.com。

Victor

首期推出以下20本

我的中文小故事

1. 小胖
2. 两个轮子上的国家
3. 看病
4. 弟弟的理想
5. 我的中文老师
6. 为什么要考试
7. 奇怪的讨价还价
8. 美国人在北京
9. MSN
10. 中国菜
11. 伦敦的大雾
12. 跟老师打赌
13. 快乐周末
14. 中国书法
15. 两个新同学
16. 母亲节的礼物
17. 没有雪的圣诞节
18. 最早的独自旅行
19. 寻找宠物
20. 学校的运动会

第二辑推出以下20本

我的中文小故事

21. 吵架
22. 我的好朋友小鸟
23. 机器人
24. 公园里迷路
25. 国宝熊猫
26. 环保购物袋
27. 旗袍
28. 容易受伤的男人
29. 小甜甜
30. 愚蠢的小偷
31. 打错的电话
32. Yes和No
33. 中国人的称谓
34. 网络视频
35. 快乐是可以传染的吗
36. 生日会
37. 演出
38. 中文课上的时装表演
39. 在北京滑冰
40. 会跳街舞的中文老师

33

From专家

　　学一种语言，教科书和老师当然很重要，但语言学习学的是技能，而不是知识。学习技能需要不断实践，否则不仅不会熟练，还可能边学边忘。从事汉语教学的教师，几十年前就呼吁编写课外读物，但一直应者寥寥。可喜的是近年来汉语学习课外读物陆续出版了一些，"我的中文小故事"就是这个园地里的一朵新花。……小故事内容贴近孩子们的日常生活，突出了……几岁……，相信孩子们会在快乐阅读中，温故知新，中文取得明显的进步。

——刘月华教授，先后任教于卫斯理学院、麻省理工学院、哈佛大学

From一线教师

　　我把"我的中文小故事"推荐给初学汉语的小朋友后，他们非常高兴。书里的故事贴近孩子们的生活，有些情节他们甚至亲身经历过，所以他们读的时候很兴奋。这套书语言简洁，情节幽默，还有非常贴切的插图。虽是课外阅读材料，但作者十分细心，不但列出了生词，还设计了练习，既能帮助学生复习故事涉及的内容，还能激发他们进一步思考。最值得称道的是，故事中孩子们觉得最搞笑或者最开心的地方，往往是汉语学习中需要注意的重点和难点，这样，孩子们在开怀大笑后就牢牢地记住了这些内容。我会把"我的中文小故事"推荐给更多的孩子，让他们在阅读中学习，在阅读中体验快乐！

——许雅琳，杭州国际学校中文教师

FROM孩子们

　　My little Chinese Book Series that Mr. Bao created is really fun as we learn new vocabulary with no fear of the language itself. After I read the first 20 books, I am more confident in reading Chinese now, I do enjoy reading Chinese books now.

——Lizzy Brown, from Australia

- 这个故事书的topic很吸引我，插图很好玩儿，很有创意。生词很简单，练习可以让我有想像力。《跟老师打赌》最吸引我。

——Wongi Hong, from Korea

- 我觉得这"我的中文小故事"对刚开始学中文的人很有帮助，不认识的字可以看拼音，还可以看生词表。

——Erica Jin, from Australia

- 故事很短，很快就能看完，是一个minibook。插图很好笑，让我很开心。生词很简单，还有pinyin。Pinyin让故事更简单。我喜欢《小胖》。

——Daniel Zhu, from Canada

- 我觉得故事很容易读，画儿也很好。有不懂的字，看画儿就懂了。

——Khushbu Rupchandani, from India

- "我的中文小故事"很容易看明白，我觉得这套书很有意思，是我学习新词的很好的途径，用这套书学中文很有乐趣，我喜欢"我的中文小故事"！

——Reeza Hanselmann, from Germany and America